Al museo de arte

Julie Murray

Abdo Kids Junior es una
subdivisión de Abdo Kids
abdobooks.com

Abdo Kids
EXCURSIONES CON LA ESCUELA

abdobooks.com

Published by Abdo Kids, a division of ABDO, P.O. Box 398166, Minneapolis, Minnesota 55439.

Abdo Kids Junior™ is a trademark and logo of Abdo Kids.

Printed in the United States of America, North Mankato, Minnesota.

052021

092021

THIS BOOK CONTAINS RECYCLED MATERIALS

Spanish Translator: Maria Puchol

Photo Credits: Alamy, iStock, Shutterstock

Production Contributors: Teddy Borth, Jennie Forsberg, Grace Hansen

Design Contributors: Christina Doffing, Candice Keimig, Dorothy Toth

Library of Congress Control Number: 2020930762

Publisher's Cataloging-in-Publication Data

Names: Murray, Julie, author.

Title: Al museo de arte/ by Julie Murray

Other title: Art Museum. Spanish

Description: Minneapolis, Minnesota: Abdo Kids, 2022. | Series: Excursiones con la escuela | Includes online resources and index.

Identifiers: ISBN 9781098204112 (lib.bdg.) | ISBN 9781098205096 (ebook)

Subjects: LCSH: Art museums--Juvenile literature. | Public art galleries--Juvenile literature. | Museums--Juvenile literature. | School field trips--Juvenile literature. | Spanish language materials--Juvenile literature.

Classification: DDC 371.384--dc23

Contenido

El museo de arte

¡Es día de excursión! La clase va a visitar el **museo** de arte.

La **guía** camina con el grupo.

Les explica sobre las obras de arte.

Algunas obras son modernas. A Ben le gusta la cantidad de colores.

Algunas obras son antiguas.

Uma observa la estatua.

Hay pinturas. A Jane le gustan las flores.

Hay obras de **cerámica**. ¡La vasija tiene 5,000 años!

Hay joyería. Meg observa el collar.

Hay máscaras. Tom admira una máscara de Sri Lanka.

¿Has visitado alguna vez un **museo** de arte?

¿Qué hay en un museo de arte?

céramica

estatuas

máscaras

pinturas

Glosario

céramica
platos, cuencos, vasijas y otros objetos hechos de arcilla.

guía
persona que dirige a otras y enseña un lugar.

museo
edificio en el que se conservan y exponen objetos de interés.

Índice

Abdo Kids
ONLINE
FREE! ONLINE MULTIMEDIA RESOURCES

¡Visita nuestra página **abdokids.com** y usa este código para tener acceso a juegos, manualidades, videos y mucho más!

Los recursos de internet están en inglés.

Usa este código Abdo Kids

FAK8725

¡o escanea este código QR!